我们一起解决问题

儿 童 心 理 之 谜
敏感小孩，如何养育更科学

[英] 贝蒂·德·蒂埃里 —— 著

The Simple Guide to Sensitive Boys
Betsy de Thierry

人民邮电出版社
北 京

译者简介

刘艳君

英国约克大学应用语言学语言教育硕士。前海外汉语教师，在海外工作、学习十一年整。目前定居合肥，从事少儿英语教学工作，育有一个三岁男孩。

推荐序

"女孩会哭，男孩也会哭。有些孩子哭得更多一些。"

贝蒂·德·蒂埃里（Betsy de Thierry）的这个发现引人深思。这句话值得每个人打印出来贴在墙上。

在现代社会中，人们告诉男孩"要像个男子汉""不要哭得像个女孩一样"，其实这些都无益于男孩的成长。本书作为一个非常必要的提醒，告诉我们为什么很多孩子很敏感，尤其是男孩，以及为什么我们需要接纳这些孩子身上的"敏感"特质。相反，在现实生活中，这些敏感的孩子常常试图采用各种不健康的方式应对他们被压抑的感受，这给他们带来了很大的压力，让他们感到挫败，同时，这也对社会产生了更加广泛的影响。

贝蒂提出了我们需要了解的一点，即无论男孩还是女孩，他们都有自己的感受。有些孩子比其他人更为敏感，但这并不完全是因为性别。在 45 岁以下男性的死亡原因中，占比最高的是自杀。

2015 年，在英国登记在案的 6188 例自杀事件中，有四分之三的当事人是男性，剩下的四分之一是女性。我们教育男孩隐藏和否认他们的感受，恐怕是这组数据背后的原因之一。

是时候在我们的社会中做出认真的反思了，而贝蒂以她清晰的信息和洞察力引领着我们。贝蒂作为四个男孩的母亲，同时也从自己和孩子们的工作中得到了启发，这些孩子似乎并没有经历过我们所谓的"创伤"，但却表现出带有"创伤"特征的行为。

通过书中每章最后的思考问题，贝蒂邀请我们积极参与解决敏感孩子的需求。她创造的一些方法引发了我们的好奇，比如好奇男孩是怎样被困在"男子气概"的定义中，并引导我们挑战这一现实。显然，现有关于"男子气概"的定义让许多男性感到挫败，他们被迫压抑自己的感受，他们因通过一些会给自己带来高度压力的方式表现自我而患上了生理或精神疾病。还有一些人则徘徊于各种"社会可接受"的自我治疗方法中，如酒精、食物或社交媒体等。这些方法具有成瘾性，使人感到麻木，并会给家庭、工作、社区和社会带来一系列的问题。

我很感谢贝蒂直面孩子敏感这一问题，尤其是男孩。当我与那些不善待父母的青春期男孩一起工作时，我频繁地发现他们高度敏感，而且他们身上有幼年经历带来的大量毒性压力。我希望所有孩子和养育他们的人都能遇见这本书。

简·埃文斯（Jane Evans）

专注于支持儿童心理健康的演讲家、培训师和作家

目录

第一章

敏感小孩什么样

从某种程度上说，我们很难给"敏感小孩"下一个定义，因为我们都很敏感。

但是，敏感的孩子会特别不好过。他们可能会被误解、被欺负、被孤立，并且感到与朋友、自己的梦想，以及能够活出自己的人生的能力渐行渐远。

我是一名心理治疗师和教师，同时也经营着几个致力于帮助处于困境中的家庭的慈善机构。我的工作让我有机会经常接触一些在生活中遇到困难的儿童。这样的经历给予了我创作这本书的灵感。

我曾遇到一些在幼年时经历了严重创伤的儿童。同时，我渐渐注意到有些儿童即使没有经历过创伤也背负着压力，其中有些压力甚至是会影响儿童的大脑结构和化学环境的"毒性压力"。这种毒性压力通常只有在童年被虐待的儿童身上才会见到。布鲁斯·D. 佩里（Bruce D. Perry）将创伤定义为一种在心理上令人痛苦的事件，这种事件超出了人类的寻常经历，往往会带来强烈的恐惧和无助感。

当我在那些父母为儿子担心的家庭中更频繁地遇到这种情况时，我开始询问他们以下有关孩子的问题。

- 他是否对音乐、故事或艺术反应强烈，真正喜欢这些或参与其中？
- 他是否对事物有很深的情感反应？
- 他是否对他人的情绪和处境表现出很强的同理心？
- 与踢足球相比，他是否更喜欢阅读、写作、唱歌、绘画或与人交谈？
- 他是否比同龄人更多地询问一些关于生活的深刻问题？

这些并不是复杂的临床问题，但这些问题让我有机会了解这些男孩的处境。在一个普遍认为所有男孩都喜欢足球、热衷于体育运动的文化环境里，他们可能会被认为与周围的环境格格不入。

杰夫·克拉布特里（Jeff Crabtree）与茱莉亚·克拉布特里（Julie Crabtree）在他们的著作中提到，

> 创造性思维及深度体验外在世界的能力与激情紧密相连。如果我们没有良好的策略管理这种高度的敏感性，结果可能是我们陷入情绪的深渊，而不是获得创造力。

　　每一个儿童都很容易被伤害。糟糕的人际关系、被拒绝、攻击性的言语、可怕的经历、被背叛、不安全感、不确定性等都可能会对他们造成伤害。然而，这些经历对每个儿童的影响程度是不一样的。不同的儿童对这些经历有不同的回应，这与他们早期的养育环境及天生的性格有关。一部分儿童比其他儿童更敏感，其韧性（从困境中恢复的能力）也相对更差一些。这与他们的性格有关，或许是因为遗传，也或许是由过往经历塑造出来的。例如，一个很难融入集体活动的儿童往往也很难建立自信，造成这种困境的原因有很多。

　　儿童最终会发展成一个什么样的人是由先天（遗传）还是后天（环境）决定的？这个问题已经被充分地讨论过了。大多数人认同先天和后天的因素都起到了重要作用，但也存在一些广泛的共识，认为有些儿童天生"皮糙肉厚"，比其他人有更强的韧性。

被塞在"盒子"里的小孩

　　我是四个男孩的母亲。他们每个人在我眼里都如此不同，有的孩子更敏感一些。我对社会落到每个孩子身上的期待感到惊讶。在过去20年养育孩子的过程中，我在很多学校里见证了那些爱运动的、胜负欲强的男孩是如何被赞扬的；而那些爱音乐的、温柔的、有创造力的、敏感的男孩则被视为异类，并且人们为他们感到担忧。我发现敏感的男孩必须有非凡的韧性，只有这样他们才能足够大胆，对自己卓越的特质保持自信。我目睹了老师、父母，还有其他在儿童成长过程中的重要人物不断地强化这样的观点：男孩必须坚强、情绪内敛、热衷体育运动。他们潜移默化地传递了这样的观念，这些信息流露于他们挑眉的动作中、叹息声中、将敏感男孩与其他男孩的比较中、对运动的

渴望及日常对话中。父母们太想让自己的孩子融入社会规范，因此往往在孩子流露出真正的天赋时感到困惑，以至于忽视了孩子的天赋。

幸运的是，美国休斯敦大学社会工作研究生院的布琳·布朗（Brené Brown）教授让人们意识到我们如何早早地把男孩们塞进了小小的"盒子"里：

> 我们通过奖励、强化、惩罚困住他们。我们通过赞美他们的"坚韧"奖励他们的愿意待在"盒子"里，并通过给任何脆弱的表现或情绪（特别是恐惧、悲伤和难过）的流露贴上软弱的标签来强化和惩罚他们。

所有的小孩都很敏感，因此这本书里的信息与每个孩子都息息相关。但是，有些男孩更敏感，他们的处境在现有的文化中也更艰难。我希望这本书中的建议能够帮助这些敏感的孩子，给他们的生活带来一些变化，让他们走出原本混乱的生活，走向一段充满冒险的新旅程。

我们珍视和喜爱婴儿，在他们还很小的时候，他们既娇贵又脆弱。我们很难想象，在他们逐渐褪去婴儿肥的时候，我们几乎都会用这样一个"盒子"把他们框住，用性别世界的条条框框限制他们的发展。一旦他们开始说话，开始表达自己的想法，这个世界似乎非常享受教育每一个孩子他们应该怎样、他们应该有什么样的感受，以及他们应该如何向未来的世界展现自己。这个过程是一个合谋，是通过媒体的不断输入、针对儿童的对话、玩具包装上不断涌现的图像以及电视节目中不断灌输的关于社会对他们的期待的隐含信息来实现的。对小男孩来说，一旦他们长到可以大喊大叫，我们就似乎乐于帮助他们巧妙地隐藏所有的脆弱、软弱、温柔和敏感。相反，当他们表现出攻击性、强硬的行为时，我们却对此表示理解或者一笑置之。

我们需要花时间反思我们对"男子气概"的定义，反思我们对身边的男孩和男性的隐性的、潜意识的期望。只有这样，我们才能帮助和支持他们成为最好的自己。当我们识别出更敏感的男孩时，我们就能更好地支持他们，帮助他们减少情绪上的不安与痛苦，给他们更多的理解和关爱。

这样的话那些敏感的男孩在成年后最终将在我们的社会中占有一席之地，他们不需要被"修复"，他们需要我们的喝彩。

我经常想象那些改变国家的人们以及家喻户晓的音乐家、艺术家、厨师、思想家和作家们小时候是什么样子？这些成年后被认为具有创造力的天才们，他们在学校的时候是什么样子的？当他们本该坐在教室里听数学课时，他们脑海里是否萦绕着那些音符、电影或者小说中的片段？

还有那些帮助我们塑造了思维和直觉的思想家们，他们在童年时是否被认为稍有不同？他们是否让其他孩子感到困惑，是否对老师提出了质疑？他们是否激发了讨论，如果没有他们在场，这些讨论就不会发生？

那些艺术家和音乐家是否在很小的时候就展现出了明显的创造力？他们对声音高度敏感吗，或者他们抱怨过合唱中有人走调吗？当其他人在争论谁跑得最快时，那个对生活中的重大问题总是有疑问的孩子在做什么？

伊丽莎白·哈特利-布鲁尔（Elizabeth Hartley-Brewer）曾写道："敏感的男孩更冷静、更有想法，他们更喜欢先观察、测试和实验，然后再投入其中。他们能够自得其乐。"

很多敏感的儿童觉得在学校的时光很难熬，这不仅仅是因为他们很难和同龄人找到共同点，还因为他们很难从老师那里获得认同感。和父母们一样，老师们也需要理解这些敏感儿童的不同之处，并赞扬他们对班级的贡献。

当我们遵守规则和标准时，常常也伴随着风险。在照料儿童的时候，遵守规则和标准就意味着我们可能会忽略他们的独特性，老师和家长都是如此。当我们期待所有的儿童在一份技能清单上达到相似的目标时，我们就创造了一个让大家都成为"正常人"的氛围。此时，那些在独特领域特别优秀，同时在某些技能上又落后于平均水平的儿童，在这样的氛围中往往没有容身之处。敏感的儿童尤其容易体验到挫败感，外界的期望会给他们带来更深的恐惧感，并且会对他们的学习产生消极的影响。

所有的学校都必须教授核心课程，而敏感的儿童不大可能把用于写作、音乐、艺术、思考或对他人的深切关怀的同等程度的热情，投入到所有科目上。

深刻的感受能力

我们都有过"不堪重负"的经历，尤其当外界存在太多刺激、太多事情同时发生、太多事情需要我们思考时。

我们通过处理外界的刺激来理解生活。当然，前提是我们有足够的时间思索、反思发生在我们身上的事情。有些人习惯口头表达，如把事情说出来；有些人更愿意通过绘画、写作、音乐来表达，或者只是静静地坐着思考。高度敏感的儿童如果不能用他们自己的方式处理外部刺激，通常在之后需要花更多的时间消化外部刺激对他们的影响。

如果一个儿童需要通过唱歌的方式理解生活，但是在学校里不允许学生随时唱歌，唱歌被认为会分散学生的注意力，所以只允许学生安安静静地学习，那么这个儿童可能很容易感受到"情绪过载"。

如果一个儿童需要通过舞蹈来理解生活和处理强烈的感受，但在学校里他们必须长时间坐着，鲜少有机会站起来舒展身体，那么这个儿童可能就会开始表现出一些被认为充满挑衅的行为。在被要求乖乖地坐在座位上的时候，他可能会去厕所、坐立不安或在教室里跳来跳去。

虽然高度敏感的群体不仅仅包括有创造力的儿童，但有研究表明，有创造力的儿童会因为他们对情感的过度敏感而不堪重负。在谈到有创造力的群体特殊的敏感性时，音乐家杰夫·克拉布特里与心理学家茱莉亚·克拉布特里曾这样写道：

> 他们更强烈地感受到自己与他人的痛苦。基于这样的信念，有创造力的人不仅能更好地描述自己的情感，他们也更能感受别人的情绪。

在工作中，我经常用"桶"这个形象帮助儿童理解"感受"这种抽象的东西。我们可以想象一下，无论是成人还是儿童，人人都随身携带着几个不同的小桶。

每个人都有一个闪闪发光的金色小桶，并用它来收集爱、快乐的时刻、成功的感觉和对自己的肯定，即鼓励、积极的想法。金色小桶装得越满，儿童的情绪就越稳定且越有安全感。

同时，每个人都有一个装泥巴的小桶。这个小桶里装的是我们所有的负面经历。当生活太忙碌的时候，泥巴小桶的盖子被盖上了，小桶里的东西在黑暗中不断发酵，直到我们有时间去处理它们。儿童会用行动告诉我们，他们的泥巴小桶已经装满了。他们需要外界帮助他们清空这个小桶。如果在此之前，成年人没有教会儿童怎样用语言探索和表达自己的诉求，多数儿童就不会清楚地用语言向成年人求助，但他们的行为会透露出他们"需要帮助"这一信息。

作为成年人，我们非常清楚一件灾难性的事件发生时是什么样的状况。我们必须把那些想法、感受、担忧都暂时放进泥巴小桶里，若无其事地回归到我们的日常工作中，扮演我们的社会角色。当一天的工作结束时，或许我们会有时间回顾一下泥巴小桶里的那些感受和担忧，然后对它们进行加工和处理。如果我们没有及时处理它们，泥巴小桶就会越来越满，那么这些负面情绪会悄悄地溢出来，渗透到我们的日常生活中。

在这种情况下，一个成年人可能会变得烦躁、易怒、疲惫或悲伤，其身边的家人、同事也会受到影响。如果他从事与儿童相关的工作，那么儿童也会受到影响。

高度敏感的孩子拥有深刻的感受能力，所以他们的泥巴小桶很快就会被装得"满满当当"，除非他们非常熟悉如何处理和及时清空这些情绪，并且能在实际生活中做到。

例如，如果我们知道强尼需要在回家后花一两个小时敲鼓或弹琴，否则他就会很生气，那么我们就会把这件事纳入他当天的计划；如果我们知道迈克需要花一些时间写日记，那么我们就把写日记列为优先项。

培养敏感小孩的心理韧性

在本书中，我们将会探讨成年人如何帮助身边的敏感小孩茁壮成长，减少他们的困惑和情感痛苦。

本书会经常（但不限于）提及那些因为敏感而无法参加团体运动的孩子。团体运动为孩子们提供了获得强烈的归属感、被接纳感和友情的机会。和无法参与团体运动的敏感小孩相比，那些能够参加团体运动的孩子通常有机会在运动中培养他们的信心和心理韧性，因此他们就没有那么脆弱。这并不是说喜欢足球和英式橄榄球的孩子都是不敏感的，而是说那些不太擅长团队运动的敏感小孩很难应对失败、风险、羞耻感和其他与团体运动密切相关的负面情绪。

加入任何一个与创造力或运动相关的团队都有助于增强一个人的心理韧性，从而降低敏感特质对其产生的影响。但是，对一个敏感的男孩来说，他很难自然地感觉到自己融入一个全是男孩的团体中，尤其是运动团体。这本身就会导致敏感的男孩处于一种孤立的状态，进而可能会给他们带来深刻而持久的毒性压力。此外，对敏感的男孩来说，让他们成为其他团体的一员，比如戏剧俱乐部、音乐团体、乐队，以及艺术、设计或技术爱好者团体，会真正增强他们的归属感、团体感和自我意识。

通过帮助敏感的孩子发展内在力量和培养他们时而脆弱的自尊心，可以使他们将来成为一个快乐、温暖、慷慨、自信的个体和对社会有贡献的人。这对每个人都有好处，包括他们自己。

在本书中，我们将探讨如何帮助敏感的孩子做得更好，不需要改变他们，只需让他们成为自己。我们来看看如何帮助他们避免"不堪重负"和享受生活吧。

第二章

敏感男孩有什么不同

"男孩就该这样"

作为一个母亲，我养育了四个性格迥异的男孩；作为一个心理治疗师，我的来访者包括各个年龄阶段的男孩。我们的社会对于男孩应该做出什么样的行为才是正常的抱有如此强烈的期待，对此我时常感到十分惊讶。

人们似乎依旧强烈赞同一个"真正的男人"应该爱运动、热衷足球，并且尤其关心自己的力量和速度。我曾经发现处于小学阶段的男孩与同伴攀比速度和运动天赋。对于学校里的很多小男生来说，跑得越快、越强壮，在同龄人中就越受欢迎、越成功。

对运动没有热情的男孩一开始会感到有些困惑。当男孩不能加入关于近期足球赛的热烈讨论、没有展示出对运动的热情时，他们会立刻感到被孤立。有些男孩会选择假装自己热衷运动，有些男孩后来确实渐渐地培养出了对运动的热情。但也有一些男孩，他们会把所有关于自己身份的困惑和焦虑内化，而这些关于"真正的男孩应该如何表现"的信息，都是在他们很小的时候由同伴教给他们的。

与之类似，虽然许多男孩似乎确实喜欢摔跤，但我们需要记住有些男孩不喜欢。有些人觉得摔跤令人痛苦、充满侵略性、令人望而生畏，但有时我们的文化似乎告诉这些男孩他们的想法是错的，他们需要学会摔跤和"粗暴地玩耍"。

"男子汉不哭"，不幸的是，这句话我们依然经常听到。我们的社会似乎有一个共识，我们需要通过告诉男孩不要哭来让他们变得更坚强。也许这源自一种过时的信念，即我们需要男性坚韧不拔，这样他们既可以上战场，又能在社会中从事实际的工作。因此，有一种普遍的担忧是，假如我们任由男孩哭泣，未来他们可能会变得更加"软弱"，或者不那么"有用"。但是，很多男孩长大后并不从事体力劳动或与军队相关的工作。他们将依靠自己敏感的、有创造力的、直觉的和深刻的天赋，走好自己的成人之路。有很多社会人士似乎都在试图戏弄、呵斥、嘲笑、讥讽这些人才，而不是赞扬他们，并且期待未来他们为社会创造辉煌，这是为什么？

"女孩会哭，男孩也会哭。有些孩子哭得更多一些。"有些孩子不会哭，而是把自己的悲伤、不安和沮丧全部内化，成为一片未被表达的、混乱的和痛苦的区域，并且埋藏在他们的内心，毒害着他们的心灵。

流泪是一种健康的情感表达方式，它不分性别。然而，流泪可能会给他人带来巨大的不便，因为社会习俗要求我们不能忽视眼泪，要求我们必须做出回应。当我们看见别人的眼泪时，我们就很难否认对方正在遭受情绪困扰。也许这正是"眼泪"的作用之一，即让情绪被看见。我们通过哭泣释放了自己的感受。当我们感受到使我们想要哭泣的情绪时，如果我们处于与他人的联结中，那么我们会很快恢复。我们需要团体，需要其他人肯定我们的情绪，以便我们能够处理它们。表达情感并不是女性化的特征，而是一个健康的人能够在情感上与他人建立联结的一种行为。

　　所有的儿童都需要培养一种勇气，只有这样，在遭遇失败、拒绝或失望后，他们才能重新振作起来。这种心理韧性对儿童来说变得越来越重要，能够为他们成年后面临具有挑战性和竞争性的工作环境做好准备。

　　男孩必须学会如何了解自己及他人的感受和看法，因为技术进步和全球化的竞争趋势正在创造出一些全新的工作。这类工作要求人们创造性地进行团队合作、共同解决问题、持续沟通和联合应对风险。

在第一部乐高电影中，有这样一个场景，独角猫表达了她有多爱咕咕云谷——那个她生活的地方，也是彩虹和小狗之都。当被问及负面情绪时，独角猫自信地说，她把它们都埋在了心底。在影片中，独角猫很快就因为这些积压的负面情绪变得极不稳定，随着陌生的情绪不断往上涌，她爆发了。这个场景完美地描述了我们不断压抑自己的情绪和情感之后，可能带来的功能障碍，时间的长短并不重要，重要的是这种压抑会带来不好的结果。

敏感男性在社会中的重要作用

我们想象一下，假设男性从心理治疗师、老师、青少年工作者、护士、艺术家、电影制作人、音乐家、作家、舞蹈家、哲学家，以及所有其他通常由敏感、富有创造力、直觉敏锐、善于反思的个体担任的工作角色中消失，世界会变得多么无聊。我们的社会能蓬勃发展的前提是我们重视和赞扬其中的每一个人。我们应当欣赏多样性，而不是将其视为威胁。每个儿童都是独一无二的，我们必须承认他们的独特性能够改善他们所处的世界。

然而，很多时候，表现出这些天赋和技能的男孩会被戏弄、嘲笑、拒绝、误解和孤立。这多么可笑！温柔明明应该作为智慧和成熟的标志被赞美，而不是被贴上"不够男人"的标签。

科学研究表明，与女孩相比，男孩成熟得更晚，开口说话更晚，并且其社交能力的发展和身体发育也晚于同龄的女孩。

无论是在出生前还是出生后，与女孩相比，男孩大脑中调节压力的通道成熟得更晚，男孩处理压力的内在机制更少，这意味着他们比女孩更容易受到外部压力的影响。

因此，我们需要纠正可能会导致减少对男孩的情感投入和培养的文化。我们需要大声疾呼，并教育那些因为潜意识里害怕小男孩最终会变得软弱、不具备"真正的男子气概"而暗中欺负他们的成年人。小男孩需要来自依恋对象的适应性的、温柔的爱和关怀，即无论他们会成为什么样的人，无论他们的个性和天赋有多特别，他们都会得到赞美。

什么是"男子气概"

人们普遍认为，"男子气概"就是身体健壮和在情感上不动声色。似乎大部分词典都避免给这个词一个具体的解释，而是用类似"男儿本色"这种词语。以下是《城市词典》（*Urban Dictionary*）对"男子气概"的定义。

> 通常被定义为好斗、强壮、情绪内敛或沉稳。在现代社会，"男子气概"的意思是至少不表露强烈的情感，不张扬，不拥抱其他男性，甚至不看其他男性，必须对运动、体育或暴力活动感兴趣。

但在现实生活中，我们重视的男性气质如下。

> 简单来说就是一个男人为自己的行为负责，富有同情心、善解人意、有爱心，男人完全可以很温柔。一个真正的男人不是一个顽固、暴力、长不大的小孩，而是一个成熟、善良的个体。

看到《城市词典》中阐述的社会对"男子气概"的定义与现实中我们重视的男性特质之间的冲突，是不是觉得很有意思？如果从事心理治疗、医护工作、教书育人或其他需要在工作中关心他人的职业中的男性，都对情感的表达感到不安，并认为体育活动或暴力才是对男性气质的定义，那么我们的社会就会处于一种糟糕的状态。如果所有的男性作家、诗人、舞蹈家、音乐家和艺术家都认为他们必须通过在情感上保持中立和具有攻击性来证明自己的男子气概，那么我们就会失去人性中催生强有力的艺术的那一面。正是他们从自己的灵魂深处创造出来的艺术丰富了我们的世界。

每个人都天生可以温柔，也可以坚定和坚韧。我们生存方式的两极性使我们成为如此迷人的生物。针对人类的复杂性，我们必须相互提醒，不要把我们的身份限制在我们必须努力挤进去的小"盒子"里。

当我们不能阻止男孩将男性气质只与权力、侵略和控制联系起来时，对个体的伤害可能是普遍性的。

人们都希望自己强大，而无力感会导致脆弱。男孩需要探索他们对权力和力量的需求，但这一概念比我们的媒体经常呈现出来的更为复杂。

男性往往希望自己感受到强大的力量，但要记住力量是以不同方式呈现的。让我们想象一下电动工具砍伐树木时发出嘈杂的声音，它以一种侵入性的方式在森林里回荡，这是电动工具展现自己力量的方式。与之形成鲜明对比的是河流的力量，它冲刷岩石、开辟河道，这种力量虽然安静但不容置疑。

什么是真正的"男子气概"？也许每个男性都要自己去寻找这个问题的答案。但是，作为成年人，我们需要确保我们提供的定义不会让敏感的男孩感到困惑并给他们带来压力。

[邓肯的故事]

　　我很讨厌"男子汉不哭"这句话。读小学低年级时我经常"哭鼻子"。也许人们厌倦了我的眼泪，或者他们认为自己会以别的方式来处理问题而不是只会哭，我不确定。但最后的结果是我不得不压抑自己的感情，不让别人看出来。而且，我对运动从来都不感兴趣。我更喜欢画画、阅读关于恐龙或其他动物的书籍。但是，在这个社会上，运动，特别是踢足球，被看作一种属于"男性"的运动。作为男生，如果你不喜欢运动，大家都会认为你有问题。我喜欢观看体育比赛，但并不喜欢参与体育运动。外界这种典型的对男性的刻板印象常常让我觉得自己不像一个男人。我有过一段非常压抑和孤立无助的时光。这样的性别刻板印象直接攻击一个人的核心生物特性。不久前，一个朋友公开对他的好友表达感谢，感谢对方是一个真正的"男子汉"，他们可以一起做一些"男人"的事情。这种感觉真的很痛苦，因为我并不是那种爱运动、体型健壮、会修车、大胆、自信、爱登山、爱徒步的男性。我痴迷于编曲，以及它们在我的脑海中浮现出的生动色彩。我可以创造出美丽的音乐艺术景观。

* * *

思考

· · · · · · · · · · · · ·

1. 你如何看待"男子气概"？

2. 在读本书之前，你知道儿童比人们想象的更敏感吗，尤其是
   有些男孩？这将如何改变你对男孩需求的理解？

3. 当你的泥巴小桶满了的时候，你会表现出哪些行为？是什么
   帮助你清空那个小桶的？

第三章

格格不入的感受

言语对敏感小孩的影响

六岁那年，当我因为同学的嘲笑而哭泣时，班主任把"棍棒和石头可以打断我的骨头，但言语永远不会伤害我"这句语教给了我。可能很多人都听过这句话。不过，研究表明，当一个人经历社会排斥或社交孤立时，其生理也会发生一些变化。这证明了这句流行的俗语完全是无稽之谈。和生理上的伤害一样，被辱骂、被戏弄、被孤立、被拒绝等消极的社交体验，也会在儿童身上留下和人身伤害一样的反应。

用自己的语言描述生活

对儿童来说，父母和重要他人的言语具有强大的力量。因此，当一个儿童经常听到照料者把自己描述为"调皮捣蛋大王"或"爱闯祸的孩子"时，儿童的行为多半会更趋向于照料者的描述。我经常看到男孩的衣服上写着"捣蛋王""坏男孩""野蛮男友"等，这会让儿童产生困惑，导致他们对哪些行为是被大众接受的、哪些行为是不受欢迎的产生误解。

我和我的心理治疗师同事们发现，当儿童听到成年人在讨论关于他们的话题时，无论是我们直接与儿童对话，还是在他们背后悄悄地议论（他们没有意识到我们知道他们在偷听），只要我们讨论的内容是正面的、积极的，他们会像缺水的植物一样充分吸收我们的善意。很多儿童在参加心理治疗的时候说自己是多么"坏"、多么"淘气"、多么"讨人嫌"。当我们问道，为什么他们会如此评价自己时，他们都表示身边的成年人经常用这些词语来形容他们。也有儿童会问我们，是否也认为他们是坏孩子，我们会告诉他们，我们认为他们都是聪明的孩子，他们在帮助我们更多地了解他们的行为。有的儿童进入咨询室后说的第一句话就是："你好！我存在情绪管理方面的问题，想发脾气的时候控制不住自己。"我总觉得这是一个灾难性的消息。为什么他们会把这个标签当作自己的首要特征？对于这样的来访者，我们倾向于使用一些肯定的话语，并用具体的话鼓励他们，帮助他们增强自信心。然后，我们喜欢看着他们的行为朝着好的方向发展，更清晰地展现出我们所描述的他们具有的那些优良品质。

我们与敏感的孩子交流时，应该用鼓励的话语让他们对自己的才能和个性充满信心。"敏感"一词不应该成为用来限制孩子、为孩子设置上限，或者限制我们对他们的积极期待的一个标签。

"言语侮辱"的影响

作为从事敏感儿童引导工作的成年人，我们必须确保自己不使用言语羞辱儿童，我们需要和他们一起努力，让他们摆脱那些令人讨厌

的言语的影响，而不是让这些言语成为他们个人认同的一部分。我坚信，当我们对儿童说一个负面的词语时，需要大约 20 个正面的词语来抵消这个负面的词语给他们造成的影响。因此，帮助儿童抵御"言语侮辱"的负面影响的主要方法，是确保有许多成年人对儿童说正面的、肯定的话语，以抵消少数负面词语对他们造成的影响。

儿童对情感联结的需求

我们知道，人类生来就有与其他人类建立联系的本能。越来越多的研究证明儿童有与外界建立情感联结的本能。这与过去医疗服务提供者和父母们的信念相矛盾，过去他们认为，在照料孩子时只要满足他们的生理需求，就足以保证他们健康成长。我们现在知道，儿童在整个童年时期都需要情感联结，而且最好是与至少一个能持续给予及时回应、有耐心的、有爱心的成年人建立关系（这种关系有时被称为"依恋关系"）。在本书的第六章中，我们将探讨儿童对于体验这个能够提供安全感的重要成年人的需求，约翰·鲍尔比（John Bowlby）将其描述为一个"安全基地"，在此基础上，儿童可以探索世界，成长为独立、健康的成年人。布鲁斯·D.佩里的研究表明，儿童大脑的发育受到他们早期生活中互动质量的影响。因此，儿童的大脑健康发育及他们成长为一个快乐、安全的成年人，都有赖于与周围人积极的、充满爱的互动。

一个人在婴幼儿时期的任何时候感到被拒绝，都会对他们的潜意识和情绪产生影响，继而影响他们的行为及与他人的关系。

当一个儿童感到被拒绝时，无论是通过言语或行动表示的明显拒绝，还是通过孤立、缺乏互动、缺乏表现出爱和温暖的行为表示的隐蔽拒绝，他们都会吸收这种负面的感受，而这会给他们带来伤害。

当敏感的儿童遭到拒绝时，他们会内化这种混乱、痛苦和伤害，多年后他们可能会表现出抑郁、愤怒或其他强烈的负面情绪。路易斯·科索利诺（Louis Cozolino）认为，

> 我们是社会性动物，其他人是我们安全感和压力的主要来源。别人如何对待我们，对我们的交感神经兴奋有着直接而持续的影响。

我们的交感神经兴奋是我们对威胁和恐惧感的生理反应，在本书第五章中，我们将会详细探讨这部分内容。

许多研究人员探讨了这样一个观点：对拒绝的情绪反应与疼痛的生理体验有着共同的生理机制。杰夫·麦克唐纳（Geoff MacDonald）和马克·R.利里（Mark R. Leary）将个体对"被拒绝"（当个体想要与他人或一个群体建立关系时，感觉到自己被排斥或被贬低）的情绪反应称为"社交伤痛"，由此产生的痛苦通常被称为"情感伤害"。研究表明，社交孤立或可感知的拒绝会对个体大脑特定的区域产生影响，令人惊讶的是，这些区域往往也是被打、被踢或受到重大生理伤害时大脑受到影响的区域。

当敏感儿童因为自己与他人不同、被误解、无心随大流而感到被同龄人孤立时，他们就会感受到深深的情感痛苦，从而导致以下两种反应之一：第一种是他们通过攻击性和愤怒的行为"表现"他们的沮丧和悲伤；第二种是敏感儿童常见的反应，即他们将悲伤内化，这导致他们要么关闭情感（又称为"情感冻结"），要么解离或使用其他一些内在机制应对这种悲伤情绪。在下一章中我们将会探讨这些问题，同时也将探讨如何帮助儿童以更健康的方式应对情感痛苦。

创造力与归属感

当前，我们生活在一个非常注重学习成绩的社会。我们对孩子在每个年龄阶段的每门科目的学习成绩都抱有很高的期望。然而，对于一个特别擅长某一特定科目的儿童来说，我们是否有必要对他的其余科目的学习成绩都寄予厚望？我们是否一定要把他所有科目的成绩都推到"平均"水平？

创造力给社会带来了生机，它给丑陋、疲惫、沉闷的地方注入了活力。音乐、艺术、舞蹈、电影、图像、故事和所有其他创意媒介点亮了我们的世界，并为我们带来了希望，帮助我们彼此之间建立联结。在我们的教育体系中，这些科目常常被称为"副科"，这意味着它们比那些被认为是"主科"的科目更容易学习，这似乎说明几乎每个人都具备创作复杂音乐编曲，或者给饱含痛苦的地方（如医院）创造带来生机的艺术作品的能力。为什么与创意相关的科目会被认为更容易、更不适合男性参与呢？

作为一个有创造力的儿童，在当前的社会中面临着来自各个层面的挑战。他可能会体验到被孤立、被误解、迷茫和悲伤。创造力带来的敏感性是其他儿童不一定会体验到的。

杰夫·克拉布特里和茱莉亚·克拉布特里在他们著作中写道，

从定义上来说，有创造力的人是那些更专注和更强烈地观察、意识、感受及领悟内在和外在世界的人。他们会接收更多的感官信息，这些信息将成为他们创造力的源泉……这就产生了两种对立的力量，并作用于有创造力的人：第一，他们对痛苦十分敏感，特别是来自他们所在世界的痛苦；第二，他们承担风险，面对和体验压力。

我们把成功的有创造力的成年人称为"名人"，并高度赞扬他们的技能，感谢他们通过电影、音乐、艺术、表演、写作和哲学思考为社会做出的贡献。在他们的学生时代，我们是否给予了他们相同的尊重与鼓励？他们对学校鼓励女孩或男孩做的其他事情也表现出了相同的兴趣吗？我们是否对他们敏感的天性给予了足够的支持？当他们感到不堪重负的时候，我们是否注意到并允许他们用自己的方式处理那些情绪和感受？

当儿童能够长期体验到归属感时，他们会拥有健康的情绪。这种归属感可以来自一个团体、小组或俱乐部。当他们在成长过程中感受到"兄弟"或"姐妹"情谊和来自同龄人的肯定时，他们会发展出更强的心理韧性，当他们成长为青少年时，就不太可能寻找负面的团体动力。作为成年人，我们需要发挥想象力，努力为儿童创造属于他们的群体（如戏剧俱乐部、音乐小组或故事写作小组，让志同道合的儿童可以定期聚会），在这里，他们不会觉得自己处于边缘、异常或与大家不一样，而是感到被接纳并产生强烈的归属感。

[安的故事]

　　我的儿子大卫是一个敏感的男孩，他用表演艺术来表达自己和排解负能量。如果他在有压力或焦虑的情况下不能动、跳舞或唱歌，他的行为就会变得非常失控。他一直喜欢鲜艳的颜色和亮闪闪的东西，再加上他有跳舞的天分，这导致他在学校里多次被同学说"娘娘腔"——这些话通常是出自那些"运动型"男孩之口。值得庆幸的是，他的老师们已经帮助他杜绝了这种绰号，而且学校安排了一个高年级男孩当他的"导师"。这位导师有过和他类似的经历，所以可以给他一些指导，但这并不容易，尤其是在小学。大卫总是对他人表现出极强的同理心，并且很容易把自己的情感表现出来（这实际上是未来他从事任何表演艺术职业的重要资产），但是当男孩经常被教育"男子汉不哭"时，大卫的情感表达就很难被别人理解，这导致了他与其他孩子之间的一些问题。

* * *

> ## 思考
> ·······················
>
> 1. 怎样才能帮助一个敏感的孩子体验到归属感，而不是给他造成压力，让他觉得自己必须做不真实的自己？
> 2. 在你周围，是否有哪个敏感的孩子被他人起过绰号？也许你需要和他谈谈。让敏感的孩子听到你对他们的正面评价很重要，这可以肯定和确认他们的天赋和优势，从而淡化绰号对他们造成的负面影响。

第四章

敏感小孩如何保护自己

当敏感的孩子感受到被拒绝、被误解、被孤立，以及随之而来的负面情绪时，他们会感到不知所措。此时，他们需要别人的帮助：帮助他们处理这些情绪，帮助他们理解发生了什么事情。通常敏感的孩子对事物的感受更深刻、更强烈。当我们从人群中识别出敏感的孩子之后，就能留意到那些会给他们带来更强烈的感受甚至会对他们产生巨大打击的特定经历。当我们意识到这些时，就可以教授他们一些技能，让他们能够在生活中游刃有余，让他们学会欣赏自己的特质，从而引导他们在成年后为社会做出贡献。

"保护屏障缺失"经常被用来形容那些十分有创造力的人或深度思考者的感受。敏感或有创造力的人会经历更强烈的情绪暴露，因为某些经历和情境会让他们产生出人意料的反应和情绪，与之相比其他人似乎不受影响。用"保护屏障缺失"来描述创作型艺术家更容易遭受情绪痛苦的特质再合适不过了。

当敏感的孩子身边有一个成年人能够引导他们经历这些体验，并将他们可能体验到的感受和做出的反应用语言表达出来时，他们就会变得坚强且具有自我意识。但如果一个敏感或有创造力的孩子是在一个很少用语言处理反应、情绪和深层感受的环境中长大时，那么他很快就会变得不知所措。这甚至会导致自我厌恶或羞愧（针对这一点我将在本书第五章进一步讨论），或者产生一种被排斥的感觉。

"保护屏障缺失"的特质准确地说是一种超急性敏感，它可以有多种表现形式。英国心理学家戈登·克拉里奇（Gordon Claridge）曾观察到："保护屏障缺失"的感受表现为做噩梦、对身体不适敏感，以及对感官刺激高度警觉。

穿上盔甲

敏感的孩子常见的一种防御策略是给自己穿上"盔甲"，保护他们由于保护屏障缺失、感情深沉、情绪化、容易受伤而带来的脆弱感。这个盔甲可能是一个"面具"，或者他们创造的一个人设，用来隐藏真实的自己。在这种情况下，如果遭到拒绝，他们就不会觉得自己真的被拒绝，因为被拒绝的是他们用来保护自己的"幌子"，而不是真实的自己。他们可能会表现得很强硬、很粗鲁，或者很孤僻、直接拒绝说话。他们可能会穿奇装异服恐吓别人，或者只是看起来很蛮横。当被拒绝的是这些"幌子"而不是他们真实的自我时，对他们的伤害会小一些，因为当真实的自己被拒绝时，他们的内心可能会感到脆弱和混乱不安。在短期内，他们会发现使用这些防御策略是有帮助的，直到这些策略变得如此自然，以至于敏感的孩子忘记了他们正穿着这种无形的"盔甲"，那时他们可能会发现自己很难与真实的自我建立联结。如果他们继续以"幌子"的身份出现，他们会感到迷失了自我，感到

困惑、空虚，认为自己是个骗子。这种应对方法也会造成孤独感，因为真正的能带来健康生活的情感联结是建立在"真实"的基础之上的。对敏感的孩子来说，用呈现出来的虚假自我而非真实自我所交的"朋友"是"有用处"的，但不能填补他们内心的空虚。

封闭自己

当一个能够深刻体验外在丰富世界的人感到被误解或害怕成为真实的自己时，他可能会将自己封闭起来。一开始，他不得不通过"穿上盔甲"来保护自己，但最终可能导致他们关闭自己的创造力、深层的感受或思想、直觉，以及任何特质。个体封闭自己可能是有意的，但这通常是对负面情绪的缓慢、下意识的反应，是自我保护的一种方式。当一个人在情感上封闭自己时，他们能感觉到：

- 麻木
- 无精打采
- 心如死灰
- 愤怒
- 沮丧
- 悲伤
- 困惑

麻木、无精打采、心如死灰

麻木、无精打采、心如死灰往往是由于情绪上的封闭造成的，可能会导致儿童或青少年刻意寻找一些刺激，以让他们感觉自己还活着。这可能意味着自我伤害、吸烟、喝酒或任何其他释放肾上腺素的方式。冒险的经历可能会让人上瘾。有时，这些儿童或青少年可能会表现得很冷漠或懒惰，但实际上他们已经在某种程度上"自暴自弃"了。然而，这往往是一种下意识的反应，而不是深思熟虑后的认知，他们自己可能没有认识到这一点。对于这种情况，最简单的治疗方法就是帮助他们了解自己，了解自己的应对方式，了解自己的才能、经历和独特性，了解是什么让他们封闭了自我。之后他们可以选择"解冻"，并且成为真实的自己。这种状态植根于他们早期的人际关系经历，这些经历以隐性记忆的形式存在于他们的潜意识中，因此，心理治疗对于解开困惑和悲伤的扭曲神经通路确实有好处。

史蒂夫·比德夫（Steve Biddulph）描述了在学校等环境中，如果包括情感素养和幸福感的文化没有得到公开支持，就会出现常见的情感封闭反应。他描述了敏感的男孩为了被接受而最终不得不关闭悲伤、失望和恐惧等感受，以及随之而来的消极后果。

为了表现得应对自如，敏感的男孩会使自己的感情变得坚硬，让自己的身体变得更结实……男孩希望在自己的身体里感受到活力。这就是为什么他们喜欢节奏沉重的音乐，同时也是他们喜欢户外活动、追逐速度和热衷冒险的原因。他们本能地知道这可以帮助他们突破自己，成为男子汉。

愤怒、攻击性、沮丧

当人们感到被拒绝、被误解或被孤立时，他们可能会把强烈的愤怒和挫折感埋藏起来。每一句不友善的话语，每一个愤怒的成年人对他们的责怪，每一次对如何处理感受和感官体验的困惑经历，都可能将"一桶"愤怒的情绪或挫败感倾倒在他们的心间。

最终，这些强烈的感觉可能会变得"易燃易爆"，导致他们很容易产生与触发事件看起来不相称的情绪反应。有时候，这些感觉可能会让他们难以承受，以至于他们不得不进一步关闭自己，以应对和避免进一步的排斥或混乱。

儿童格式塔疗法的先驱维丽特·奥克兰德（Violet Oaklander）认为，愤怒常常是一种被误解的情绪，许多小男孩否认自己的愤怒或把愤怒压下去，这对他们的情绪健康是不利的。奥克兰德制定了一个管理愤怒和攻击性的三阶段方法：第一阶段，谈论和探索愤怒的感受；

第二阶段，以不同的创造性方式表达这种愤怒；第三阶段，探讨在潜意识中是否有任何因丧失或悲伤而埋藏或未解决的愤怒。在最后一个阶段，我们必须慢慢地、轻轻地进行引导，这样儿童才能小心地逐步释放心中的愤怒。

敏感小孩如何才能重获新生

我相信，当一个敏感的孩子开始了解自己，了解自己的个性和兴趣及其可能面临的挑战时，他们可以建立心理韧性以应对他们可能经历的误解和负面情绪。

同时，我认为，当他们能够找到其他同样敏感的人时，无论是同龄人还是年长者，他们都会感到很亲近，同时能减轻孤立无援的感受。他们需要支持与称赞，因为他们是充满生命力和力量的女性或男性，在成长过程中，他们能为这个世界贡献一些独特而美好的东西。

在一个充满肯定、积极的话语和包容的环境中，他们会变得更强大，对自己的身份感到自信。

布琳·布朗（Brené Brown）谈到了羞耻感的力量，以及它导致人们因不堪重负或压力而关闭自我的方式。

当男人向我描述他们的羞耻经历时，我看到一个很小的"盒子"。这个"盒子"里密密麻麻地装满了外界对他们的期望，期望他们总是显得强硬、健壮、有力、成功、无所畏惧、有控制力和有能力。

当儿童因为表达情感而受到羞辱时，他们会随之关闭自己的情感、梦想、社交活动，最终他们会觉得自己已经"失去了自我"。但是，当他们了解羞耻感的影响和隐含的社会信念体系时，他们会觉得自己有能力站起来，并被称为强者，强大到可以表达自己的情感和真实的自我，而不是隐藏和伪装。当他们身边有成年人赞美并支持他们时，他们可以给社会文化带来变化，并享受自己作为拥有健康情绪的人而被接纳的感受。当他们与理解并欣赏他们的天赋、个性和世界观的人产生联结时，他们将学会如何与他人重新建立情感联结。

[保罗的故事]

一个有创造力的、敏感的男孩，在成长的过程中会面临一些特殊的挑战。

在我五年级的期末报告中，有这样一句话："保罗经常和班上的女生一起玩，她们很乐意接纳他。"

在课余时间，我不是像同龄男生一样到处跑或踢足球。很不幸，这使我在同龄男生中显得与众不同。再加上我对艺术感兴趣，热衷于创造力和表演（特别是舞蹈表演），这让我更加丧失了与同龄男孩建立联结的亲和力。

然而，在中学阶段，我越来越不喜欢那些通常被认为专属于男生的活动。我开始非常不喜欢体育课，尤其是户外活动，也讨厌男生更衣室的环境。经过反思，我认为我的感受、我的缺乏自信与实际的运动本身无关，更多的是我在纯男性环境中缺乏自信——我不理解其他男生，不理解他们的态度，也不理解他们为什么会有这样或那样的行为，我认为他们同样也不理解我。

我花了很长时间才真正认定自己是一个"男人"。这并不意味着我曾经觉得自己是个女孩、女性或像个女人，只是我无法在自己身上找到典型的男性特质。我确实觉得自己是个男孩，是个男人，但直至24岁之前我都很难用成人的性别观来认同自己的身份。经过反思，我想这是因为我已经学会了用拒绝男性同伴的方式回应他们对我的拒绝——也许有人会说这是自我保护。随着时间的推移，由于许多人积极地鼓励我、支持我、接纳我，我开始认同自己的男性身份，尽管我可能不是大众眼中的那种"典型"的男人。其实，我已经了解到，我的非典型性男子气概是一种优势，让我能给男性群体带来一些不一样的东西。

* * *

思考

1. 当敏感的孩子出现哪些行为时，表明他们可能正处在困境中？

2. 他们是否感到自己被重视和被理解，或者他们是否需要"导师"或富有创意的治疗师帮助他们处理感受和体验到的一些内心混乱？

第五章

早期经历和霸凌对儿童的影响

早期经历的影响

来到这个世界上的每个人都有专属于自己的指纹，也有其独特的优缺点，以及供这些优缺点发展的独特环境。奇怪的是，我们的社会似乎鼓励所有人都遵从那些常常由社会或媒体设定好的期望。个性往往被视为一种威胁或令人困惑的存在，同时，同伴压力和"群体思维"逐渐占据上风。然而，当人们不得不顺应大环境的时候，其个性中的一部分就会被忽视。我们要有意识地赞美孩子的优势，并用语言明确传递"存在劣势是正常的"这样的观点，而且劣势也有可能变成优势，或者劣势的存在只是你拥有的特定优势的另一面。

父母施加的压力与期望

我们的社会存在这样一种倾向：父母反复声称自己的孩子与自己

存在一些相似的地方。这可能会阻碍孩子成为他们自己。如果父母总是把孩子看成自己的"迷你版"，孩子可能会觉得自己被父母的期望限制和禁锢了，从而无法发挥自己的个性。当孩子被父母鼓励成为父母期望中的人时，他们可能会感受到父母在拒绝他们真实的自己。他们会因为不能满足父母的期望而产生失望甚至羞愧的感觉，并且会否定自己。父母给孩子施加压力，要求他们在自己可能并不热衷的事情上表现出色，这可能会给他们带来深深的伤害，并造成与孩子被明确拒绝一样的后果。然而我们经常看到这种情况在不知不觉中发生！

在儿童和青少年的成长道路上，帮助他们发现自己是谁、发现他们的热爱所在，并在这个过程中给予他们积极的支持是一件非常重要的事情。发现自我是一个持续终身的过程，在个体的童年和青春期早期，这一点尤为重要。帮助孩子畅想自己的未来是其童年的重要组成部分。

所有的婴幼儿都是情绪化的，尤其在他们出生后的头两年，他们所有的情绪体验和互动都存储在大脑的右半部分。尤其对男孩来说，当他们的左脑（逻辑、分析、语言功能区域）开始变得更具有优势时，他们似乎学会了不顾早期的右脑经验，以一种能获得最多奖励的方式来表现自己，这时候冲突就产生了。在这一阶段，照料者会意识到此时男孩对同理心的情感理解和实践往往会受到更多的限制，他们往往会开始重视攻击性和竞争性，并把它们当作男性气质的标志，这可能会与他们出生后头两年的生活经验发生冲突。

马克·S. 基赛利察（Mark S. Kiselica）等人认为，

在儿童两岁之后，社会化经历的影响变得突出，尤其是来自同龄人、父母、老师、媒体的影响。这些力量使他们的右脑技能不再受重视，如共情、反思自己的内心世界……

因此，值得注意的是，为了让一个敏感的孩子能够在当前的社会中自信、快乐地成长和发展，我们需要注意积极地谈论敏感的孩子，尤其是男孩，同时也要意识到，这样的做法可能会在一定程度上违背社会对男性和男性气质的理解。

威胁反应和感到恐惧的后果

科索利诺认为，

永远不要低估童年霸凌对儿童的大脑、心智和心灵的影响……大多数霸凌事件的发生都是为了建立或维持社会等级制度，并且霸凌者会刻意让他人目睹和记住实施霸凌的整个过程。

当儿童反复被嘲笑、被欺负、被社会排斥，或者感到不知所措、害怕，并且无法处理这些经历时，就会对他们的心理造成一定的创伤。事实上，我们的身体对心理创伤的反应基本上是在内部触发警报，我们使用逃避或僵住的策略作为对威胁的反应。这原本是为了帮助我们生存下来，但是，一个尚处于幼年且需要依赖大人满足自己需求的儿童反复受到惊吓或情绪被压抑，并且其"生存大脑"又没有得到安抚和平复，其大脑就会开始慢慢地一直处于高度警惕状态。因为对他来说这个世界是如此可怕。

理解这种威胁反应很重要。因为它可以帮助儿童意识到，当他们对心理创伤有身体和情绪上的反应时，这是预料之中的，并不是表明他们在调皮捣蛋或故意使坏。作为成年人，我们也会有同样的反应。

我们需要知道，任何一个人在感受到威胁时都会自然而然地做出这种"战斗、逃跑或僵住"的反应。这种反应如此之快以至于我们通常很难注意到它。

下面我们解读一下这种反应，以便读者了解它是如何影响我们和遭受心理创伤的儿童的。"战斗、逃跑或僵住"反应有时被称为"威胁反应"，它基于我们的脑干部位。我们最基本的反应（如呼吸和心率）就源自这里。事实上，当婴儿出生时，这个部位是大脑中唯一完全发育成形的区域。

这个区域与大脑中另一个被称为"边缘系统"的区域相连，当我们面对它觉得是威胁的情况时，它就会让我们的情绪做出恐慌的反应。这种反应会使我们的身体释放激素，让我们的身体做好准备，并使我们的身体能够奔跑（逃跑）、躲藏（僵住）、大声尖叫或进行对抗（战斗）。

同时，当大脑启动"威胁反应"的时候，其思考、理性、谈判和反思的能力就会自动"离线"。大脑负责理性的部分在前面，被称为"前额叶皮层"。当一个人感受到威胁或恐惧时，大脑的这个区域的神经活动就会减少，对事件的情绪反应和下意识的反应就会显得更加突出。

当我们感受到威胁时，大脑中另一个"离线"的区域是布洛卡区，它是大脑的语言中心。这就是为什么当我们刚刚经历了一些非常可怕的事情时，很难用语言来表达自己的感受，同时这也是为什么当儿童被大声责骂时，他们常常显得很震惊、瞪大眼睛却什么也说不出来。

如果创伤性的经历反复发生，这意味着儿童的大脑持续处于受威胁的状态。这时儿童就很难进行思考、推理、协商或反思。因为大脑中负责这一部分工作的区域处于不顺畅的状态，大量的压力激素在儿童的身体里流动，恐怖的感觉支配着他们的内心世界。这就是所谓的"持续威胁反应"。

综上所述，威胁反应会影响儿童的行为、情感和人际关系，因为他们没有安全感，而是感到威胁、害怕、困惑和不稳定。

在《儿童心理之谜：心理创伤，如何避免伤在童年》一书中，我对此做了更多的相关介绍，特别是体验恐怖和无力感会给儿童带来的具体影响。

帮助儿童从恐惧感中恢复的唯一方法就是其身边的成年人做一个能让他们感到平静和安全的人，支持和帮助他们。这样才能减少他们的威胁反应，让负责认知的前额叶皮层重新"上线"，进而做出正确的决定。对敏感的孩子来说，重要的是我们要知道，当他们出现威胁反应时，他们不是在捣乱，而是在回应恐惧感。他们不需要被管教或被贴标签，但他们确实需要外在的支持帮助他们平静下来。

潜意识反应

绝大多数人都承认，我们对外界刺激的大多数回应或反应都来自潜意识，而不是来自我们大脑的认知部分。我们的许多经历，特别是那些负面的经历，都存储在我们的潜意识中，它们与随后的隐性决定一起，让我们有意避免重新体验同样的恐惧、无力感或羞耻感等可怕的感觉。心理治疗的目的是试图解开部分潜意识，减少它们产生的影响，并提供一个利用前额叶皮层来处理、思考和反思我们的反应的机会。所有早期的童年经历，如被拒绝、被欺负、被虐待、被遗弃、恐惧、想与照料者建立情感联结却未果、需要发声却无法发声等童年创伤，都保存在大脑的隐性记忆中。这就是为什么专注于改变由深层潜意识记忆驱动的行为的认知疗法往往无济于事，甚至会导致羞耻感和基于羞耻感的行为增加。丹尼尔·J. 西格尔（Daniel J. Siegel）和蒂娜·佩恩·布赖森（Tina Payne Bryson）解释了让儿童能够表达自我感受并帮助他们花时间处理和谈论自身经历的重要性。两位研究者表示，如果不给儿童提供这种机会，他们就很难理解究竟发生了什么，无论是短期还是长期，这都不利于他们的发展。

> 但是，当我们帮助儿童把他们过去的经历融入现在，他们就能理解自己内心正在发生的事情，并获得对自己思想和行为方式的控制权。当我们能够促进儿童进行这种类型的记忆整合时，他们对当下发生的事情产生非理性反应的情况就会显著减少。而这些非理性反应其实是过去遗留下来的反应。

羞耻感的影响

我在做培训时，会要求参加培训的人成为"羞耻感警察"——迅速阻止在任何环境中利用羞耻感对儿童和青少年施加压力的行为，保护他们免受羞耻感带来的痛苦体验。意识到羞耻感的强大影响力和给人带来的痛苦非常重要。我们很难具体描述羞耻感带来的痛苦程度，因为那种感觉是如此可怕，而且我们的本能反应是如此强烈，它通常与逃跑、隐藏或以某种方式逃避痛苦的欲望联系在一起。

当儿童感到羞耻时，无论是因为被人戏弄，还是因为课堂上回答不上来老师的问题，或者在公共场合做了丢人的事而被人嘲笑，他们都会在内心深处感受到对自己的痛恨。

布琳·布朗写道，

羞耻感就如同你胃部黑漆漆的一个点，当它疼起来的时候人就像坠入地狱一般。

羞耻、尴尬、羞辱和内疚之间有很大的区别。尴尬只会持续一段时间，通常在一段时间后人们可以一笑了之。羞辱通常是指一个人试图给另一个人制造尴尬，这不是一种美好的体验，因为羞辱他人者的恶意动机会导致双方的关系破裂。内疚是一种情绪体验。如果一个人做错了事，但是他有能力纠正自己的错误或道歉，那么内疚这种情绪就会消退。羞耻感是这样一种感觉：它让人觉得自己的核心是坏的。它攻击的不是你做了什么或说了什么，而是直接攻击你这个人本身。

当人们感到羞耻时，会引起与威胁反应相同的神经反应。想想看，有什么可怕的事情曾发生在你身上，如演讲时像被冻住了一样说不出话来。在通常情况下，这样的反应意味着当事人很难进行思考、调动理性来做出决策，难以协调大脑各个区域的反应或获取创造性的语言表达自己及做出其他依赖前额叶皮层的反应，这将导致焦虑增加。羞耻感会作为一种隐性记忆停留在我们的潜意识中，告知并支配我们的行为，以避免再次体验到这种情绪。

霸凌会导致深深的羞耻感

霸凌会造成深深的羞耻感。被霸凌的儿童可能会觉得自己是"失败者""无用之人""被拒绝的人"，他们的内心会不断地退缩，并开始逐渐相信这种感觉。这就导致他们产生了一种自我厌恶感和内心的混乱感，而这种混乱会随着进一步的耻辱性欺霸经历而升级。男孩团体中的入会仪式也可能导致巨大的隐性羞耻感，特别是当他们遭到同伴嘲笑、羞辱和嘲弄时。这种霸凌会使受害者在潜意识中产生深深的无力感、自我憎恨和愤怒，并影响其行为，以避免再次体验这种恐怖的感觉。

当儿童能够向一个温暖、善良的成年人讲述自己的经历时，他们更有可能破除羞耻感的毒害，并开始摆脱它对他们的情绪、行为、人际关系和决定的影响。布琳·布朗认为，

当我们坦诚地对待自己的挣扎时，就更不容易陷入羞耻感之中。这一点至关重要，因为羞耻感会削弱我们共情他人的能力。

作为成年人，我们一定要注意这些细微的迹象，并阻止一切霸凌、戏弄、嘲讽、辱骂、羞辱他人的恶意行为。通过阻止这些行为和转移其他孩子的注意力，然后以某种方式认同受害者，讲述自己曾经在那种情况下被"抓到"或"摔倒"的故事，或者任何会引发羞耻感的事情，我们可以迅速帮助儿童恢复尊严，减少羞耻感。

[**乔恩的故事**]

我喜欢上学，觉得学习也不是特别难。我被称作"音乐家"，这个标签保护了我，使我不必"融入集体"。我确实看到我的一些朋友在十几岁的时候就想证明自己的男子气概，为此我感到很难过，因为他们不得不做一些他们并不想做的

事情——只是为了让他们觉得自己可以"融入集体"。我没有为了"融入集体"而选择激烈而刺激的运动,而是让自己忙于音乐表演。

* * *

思考

1. 你是否注意到有敏感的孩子出现过"威胁反应",以至于他们当时无法思考?敏感的孩子是否在任何特定的情境中都发现了这一点?他们是否会表达自己的恐惧或紧张的感觉?或者对于恐惧的感觉变得封闭和沉默?

2. 谁会积极地与敏感的孩子谈论他们的技能和优势?为了培养孩子的心理韧性和勇气,你是否能够鼓励其他成年人说出敏感的孩子的积极品质?

第六章

建立充满韧性的关系

我们知道，对于儿童和青少年来说，人际关系是催化剂，能够帮助他们走出负面经历给他们带来的影响。人际关系还可以帮助敏感的孩子培养心理韧性，使他们能够在一个并不总是理解他们或看起来并不关心他们的世界中茁壮成长。

健康的依恋关系

婴儿在出生时就有一种依恋自己的主要照料者的愿望，不管这个人是谁，也不管他们对新生儿有什么感觉。这种依恋关系是儿童自我意识的基础，他们的自信和自我价值就来自于此。当儿童体验到持续的爱、照料和关怀时，他们就会相信自己值得被关注，从而能够信任他人。现在人们普遍认为，个体生命的前五年是大脑发育最显著的时期。

婴儿的健康成长依赖于照料者对婴儿需求的"情感共鸣"或小心

翼翼的"调频"。早期互动的质量决定了婴儿看待这个世界的方式是友好的还是充满敌意的。

当父母及时做出调整以适应孩子的需求时，孩子在那一刻会感到安全、稳定、被了解、被爱、被联结，从而产生安全感。西格尔曾写道："当孩子的内心世界被父母看得清清楚楚时，父母就会与孩子的状态产生共鸣。"当这种体验持续发生时，孩子大脑中的调节回路（前额叶皮层或思维功能区域）就能得以发展。这就培养了他们的心理韧性和持续自我调节、反思、冷静和恢复的能力。不断地被"情感共鸣"的体验，也让他们自然而然地对他人产生同理心。

这种早期的依恋体验从孩子出生时开始，使他们形成一个"安全基地"，并在此基础上探索世界。新生儿会哭闹、皱着小脸，直到母亲提供安抚和安慰；婴儿会欣慰地予以回应，母亲也会欣慰地叹息。父亲会带着爱和好奇凝视着婴儿的眼睛，婴儿也会在重复性的、关系性的体验中，用声音和闪亮的目光予以回应。这二者或三者之间的"舞蹈"随着婴儿的需求被满足而继续，婴儿的大脑形成神经通路，然后他们会期待温暖、真诚、善良和充满爱的关系。这种对孩子的情绪线索做出反应的做法，被称为情感共鸣孩子及其需求。

当婴儿哭闹时，婴儿和母亲大脑中的神经活动都会增加，从而产生联结反应。这种互惠反应是婴儿和父母之间积极的依恋行为模式的本质，因此相关的神经元被称为"镜像神经元"，最早由贾科莫·里佐拉蒂（Giacomo Rizzolatti）在 20 世纪 90 年代初发现。这能帮助我们理解人类是如何感受到另一个人的感受并做出相应反应的：当一个婴儿看到另一个婴儿哭泣时，往往也会开始哭泣；当父母给婴儿喂饭时，他们往往会在婴儿张开嘴准备被喂饭时也张开嘴；当有人看到一个花瓶从桌子上掉落到别人的头上时，他们也会畏惧，好像这个花瓶也会伤害到他们一样。

正是这种情感共鸣性的回应过程，帮助儿童建立了一个互惠的期望系统，然后使他们在发展的早期阶段学会调节自己的情绪，这种能力会不断发展并伴随着他们直至成年。

儿童之所以能够学会调节自己的心理唤起水平，是因为有熟悉的依恋对象的存在，依恋对象能够根据儿童的需要以一种重复的、可预测的方式做出回应。有时候这种回应是安慰，有时候是鼓励。当依恋对象能够安抚小宝宝时，小宝宝不仅能够在那个特定的时刻得到安慰，而且还能够形成在未来应对压力所需的框架。当儿童感到痛苦时，重复的安抚和安慰的动作被称为"共同调节"，最终帮助他们掌握自己冷静下来的技能，能够自我安抚，拥有内在的安全感，从而产生情绪复原力。如果儿童没有接触到这种可预测的、重复的、平静的、安抚的、与他们共同调节行为的依恋关系，他们就很难学会自我调节情绪，他们的情绪就会直接通过行为反映出来。

在理想情况下，这种主要的依恋关系会持续到儿童长大成人。更重要的是，它还能使他们发展出其他的依恋关系。

主要依恋对象是儿童的"安全基地"，这不仅仅因为他们是儿童安全和安慰的来源，还因为儿童也是在这种依恋关系中首先习得了情绪表达的能力。当照料者对儿童的需求和感受做出回应时，他们也能够帮助儿童理解表达自己感受的语言。例如，如果孩子摔倒后哭了，父母可能会安慰他们说："噢，亲爱的，当你受伤的时候会感到很害怕，对吗？你现在是感到伤心、害怕还是不安？"这样就可以培养儿童的反思能力，帮助他们探索描述不同感受的词汇。路易斯·科索利诺认为，

长期以来，对许多遭受压力和创伤的人来说，将感受付诸文字具有积极的作用。即使是写下你的经历，也能帮助你自上而下地调节你的情绪和身体反应。

当儿童在幼年时期没有这些重复的经历时，他们会觉得被要求反

思或说出他们可能正在经历的任何感受是奇怪的和具有挑战性的。他们不熟悉如何管理强烈的情绪，可能会感到恐惧，害怕自己无力面对强烈的情绪反应。当面对熟悉的感受却无力思考或者没有能力理解它们时，可能会直接导致儿童用行为而不是语言来表达他们的感受。当儿童通过行为表达这些强烈的感受时，可能会带来不愉快的人际关系体验，而这又强化了他们在人际关系中的恐惧感和无法信任他人的感觉。对于已经处于消极关系行为模式的儿童来说，这种情况将持续到他们成年，除非有人提供一种积极的、一致的、可预测的关系，并花时间帮助他们学会这些重要的技能。

当儿童在表达需求或感受时反复经历消极的回应时，他们就只能依靠自己发展出不同的应对机制，其中许多机制会给他们自己或周围的人带来困扰。

如果儿童经历了不断重复的充满关怀的互动关系，那么他们就能够信任这种互动过程，从而拥有探索更多关系和新情境的心理韧性。

在儿童经历了一定程度的压力后，由于有一个提供安慰并让他们感到安心、安全的成年人存在，他们的恐惧或焦虑就会得到缓解，心理韧性就是在这样的过程中培养起来的。当儿童在没有这样的成年人在场的情况下经历了压力体验时，他们的情绪会被唤起，同时他们没有任何技能来应对，也就无法轻松恢复或者管理自己的强烈情绪。

　　一段能使儿童健康成长和发展的关系的基础是认识到同理心和善良的价值。这听起来很简单，但有时儿童可能真的很烦人，他们喜欢把我们惹毛，只为看我们会作何反应。但是，在这种情况下，如果他们遇见的不是成年人的愤怒、沮丧和缺乏耐心，而是不断得到耐心、善良或有同理心的回应，那么他们就有机会学习成为一个拥有并展现出这些品质的人。如果他们没有体验到善良和耐心，就很难给予别人善良和耐心。当事情确实出了问题且不耐烦、恼怒和挫败感成为成年人最主要的情绪表达时，重要的是创造一种让成年人和儿童都能自然表达歉意的文化。这可以成为一个既治愈又健康的示范，让儿童能够应用于未来的人际关系中。

拒绝"不同步"

　　当父母希望自己的孩子成为和他们一样的人，或者希望孩子擅长父母想要让他们擅长的东西时，孩子就会感受到"不同步"。孩子可能会感受到自己被拒绝了，这样的关系可能会给孩子带来痛苦。例如，当一个敏感或有创造力的男孩的父亲认为，男性气质表现为力量和运动能力时，这种情况就很有可能发生。这个敏感的男孩知道他永远无法取悦自己的父亲，也无法成为父亲真正愿意交往的人。

这种拒绝对儿童情感的健康发展是灾难性的。当儿童经常被主要照料者误解时，他们可能会产生困惑并主动疏远对方。

科索利诺描述了当主要照料者与儿童"不同步"，或者主要照料者常常在儿童表达情感需求时缺席，会给儿童带来多么严重的创伤。

儿童与父母没有情感共鸣的经历，似乎会引发与儿童被打骂或被遗弃相同的副交感神经反射。因此，在孩子的体验中，这种不能及时得到父母情感回应的经历就是一种拒绝。孩子会把它解释为"我在家庭中的身份不够重要，我没有价值或不够可爱"——当孩子的生存依赖于家庭的保护时，这种感觉会对他们的生命产生威胁。这些经历可能发生在早期的依恋关系中，当孩子兴奋地期望与他人建立联结时，却遭遇父母或主要照料者的忽视、冷漠对待或恼怒。

当一个敏感的儿童在生活中摸索前行时，在别人看来完全正常的经历很容易淹没他们。这可能会导致人际关系方面的"冲突"。除非这个儿童的周围是一种好奇而不是愤怒的态度，并且接受我们所有人对生活可以存在不同的看法。例如，如果一个孩子被一部电影、一场争吵、一个看起来很悲伤的人、墙上的一件艺术品、乐器的声音或任何其他场景触动而流泪，他需要一个成年人帮助他理解发生了什么。此时，他需要以下回应：

- 对情绪的认可（而不是嘲笑、贬低或质疑）；
- 对外在环境对他产生的影响感同身受（培养、鼓励、关心和爱护）；

■ 有机会反思可以用来描述自己的反应或体验的言语（使自己的强
烈情绪得到自我调节）。

如果这种建设性的回应是在一种温暖的、滋养性的、保护性的关
系中进行的，那么儿童就不会感到羞愧、怪异、困惑、伤害或混乱，
而是能够增强他们的信心和提高他们自我调节的能力。

[罗杰的故事]

我爸爸想要我成为一名足球运动员，而我觉得我的一生都
让他失望了。我试图取悦他，表现出对足球的兴趣，但我同
时感受到我不被允许成为自己，我感觉我们之间有一堵巨大
的墙。这让我感到越来越焦虑，并经常感到抑郁。只有在我
成年后，我才觉得能够自由地探索我的男性气质，并对展现
真实的自我这件事感到自在。

* * *

思考

· · · · · · · · · · · · · ·

1. 在"罗杰的故事"中，他体验到被拒绝的"不同步"的关系，其中他感受到了哪些混乱？

2. 你能不能帮助罗杰身边的成年人探讨这个问题，并让他们把道歉的话说出来，然后开始用语言和行动为这个敏感的孩子喝彩？

第七章

帮助敏感小孩不担忧、不焦虑

帮助儿童理解情绪

当儿童生活在一个人们不用语言探索情绪，而且情绪一旦被表达出来就剑拔弩张的环境中时，他们会自然习得这样一个概念：我们要隐藏和否定情绪。这可能会导致情绪内化，从而造成内心的不安和情绪僵化。

儿童需要从小学习如何表达情感，而且要用合适的、有益的方式来表达。幼儿一开始总是会自然地表达自己的情感，但他们也会根据外界的反馈改变自己表达情感的方式。当儿童表达情感时外界的反应是消极的，就会导致儿童抑制自己的情感。这种表达情感的负面体验如果得不到同理心和理解，儿童就会感到困惑、恐惧和羞耻。儿童会通过行为和面部表情来表达情感，当他们长大后，他们会变得有"情

感素养"，但前提是一个有爱心的成年人曾给他们做过这样的示范。奥克兰德认为，

> 有些儿童在很小的时候就学会了抑制自己的情感，最常见的是抑制愤怒，以至于他们对自己的情感没有任何记忆，没有可以描述情感的词语，也没有表达情感的技巧。这些儿童很早就得出这样一个结论，即他们认为自己的存在是可耻的。

当我们引导儿童说出他们所感受到的情绪时，可以帮助他们变得更平静。西格尔建议我们鼓励孩子"说出情绪的名字并驯服它"。他建议，当儿童表现出沉重的情绪时，我们应当帮助他们把令他们不安的故事讲出来。这是一种很有效的方式。这意味着他们必须使用大脑的其他部分，这可以帮助他们理解自己的经历，从而减轻他们的无力感。

儿童很容易为自己不理解的事情感到担心。他们喜欢偷听成年人的对话，试图从成年人的叙述中理解生活，但在此过程中他们可能会对很多事情产生误解并因此感到焦虑。20 多年的育儿经验告诉我，儿童听到的比我们想到的和注意到的要多得多。在他们急切地与外在世界互动的过程中，他们能读懂的东西也比我们意识到的更多。但问题是，当他们对事情有误解或担忧时，并不总会告诉周围的成年人。一

方面，尽管他们为听到的事情感到难过，但他们清楚这些事情不该被他们听到，所以要求成年人澄清或安慰他们就会显得很尴尬。另一方面，也可能是他们误解了听到的事情，并因此得出错误的结论，导致他们感到恐惧或在关系中退缩。孩子们常常可以自信地对身边的成年人说自己没有受到负面影响，或者说自己被听到的东西逗乐了，其实这是他们的一种应对机制，以掩盖自己体验到的羞耻感和混乱。

最终，他们需要与一个成年人建立关系，在这段关系中他们可以提出困扰他们的疑问，并逐渐学会以一种适合他们年龄的方式理解他们的世界。

保护敏感小孩

我认为，在童年时期，儿童在不同的年龄遇到同一个问题时，成年人可以有不同的回应。例如，对一个学龄前的儿童来说，对繁殖过程进行准确、详细的描述会让他们感到恐惧，因此我们传递的信息需要随着他们年龄的增长和理解能力的提高而调整。对儿童来说，谈论贫穷和不公正等宏大的世界问题，会给他们创造一个可怕的世界，阻碍他们自信而纯真地成长。这并不是说我们为了让他们不受现实的影响而过度保护他们，而是认识到传授的知识需要符合他们的年龄特点，让他们能够努力应对这些问题，而不必使用无益的应对机制来管理他们所获得的信息。

我完全相信，在儿童进入青春期之前，他们需要有一个相对纯真的世界观。无论他们发现世界上存在什么不正确的事情，他们都会持有这样一种观点，即认为父母和其他成年人可以"解决"这些事情，所以他们不必担心。现实生活中的世界性问题和成年人的话题，需要根据儿童的年龄及其情感发展小心翼翼地展开。

全世界的重担

当敏感的儿童无法与一个本应帮助他们驾驭自己情感世界的成年人建立情感联结时，他们有时会感到自己肩上背负着全世界的重担。儿童本应拥有一种在成年后更难获得的自由，他们本应在成年人的保护下保持天真无邪，免于强烈的担忧。当儿童经常担心时，他们可能会在一段关系中扮演成年人的角色，他们关心本应照料他们的人，并讨论成年人的担忧和焦虑。当儿童参与成年人的话题讨论时，他们就会失去无忧无虑和天真无邪的能力，并背负起对他们来说太过沉重的情感负担。当敏感儿童的照料者正在与精神疾病或困难的、不稳定的关系等挑战做斗争时，这种无益的、不正常的"孩子养育父母"的情况就会发生。当兄弟姐妹或父母身患重病，儿童认为他们自己必须成为其他亲属的主要安慰时，这种情况也会发生。重要的是，儿童最终不应把注意力放在照顾父母这件事上，而是能够在这段关系中保持孩子的身份，可以自由地进行纯真的游戏。作为儿童，他们不应该为兄弟姐妹负责、为家庭的经济状况负责、为父母的健康负责、为父母的婚姻负责、为家人的饮食起居负责，他们应该确信成年人会处理好这些问题。

敏感的儿童及其兄弟姐妹

当敏感儿童的家中有不那么敏感的兄弟姐妹，或者其哥哥、姐姐的年龄较大时，他们会讨论一些不适合敏感儿童的话题。在这种情况下，养育敏感儿童可能会困难重重。饭桌上的讨论可能会变得很棘手。成年人需要考虑家中的电视或收音机正在播放的内容，其中的主题可能不适合年龄较小、较敏感的孩子，或者对他们无益。保护敏感儿童不受不合适的媒体影响似乎会花费家长很多的时间和精力，但这是值得的。因为一张没有上下文的、不符合孩子年龄的图片，也可能会对孩子产生长期的、实实在在的影响。

当儿童接触太多关于世界问题的信息，而这些信息本应只属于成年人关注的焦点时，他们可能会变得不知所措，这会表现在他们的行为上。他们看似很生气或淘气，但实际上他们体验到的是焦虑和害怕。

帮助敏感儿童建立边界

敏感的孩子很可能天然就是养育者，他们的感受很深刻。因此，我们要意识到他们需要我们这些成年人帮助他们处理那些影响他们的情感。同时，最重要的是，他们需要我们帮助他们学会设定边界。他们需要知道，他们不必对世界的幸福负责。他们甚至不需要为别人的幸福负责，他们需要学会不必为了照顾别人的需要而忽视自己的需要。他们需要听到把自己放在第一位是可以的，设定边界并不意味着他们是自私的。

了解自己的敏感程度

如果一个敏感的孩子被保护得太过严密，或者其周围的成年人明显表现出对孩子现状的焦虑，孩子可能会感到窒息，这最终会导致他觉得自己的内心十分麻木。对孩子们来说，冒险、尝试新事物、体验失败、摔倒或者受点小伤都是重要的经历，他们会在这些经历中学会调节自己的情绪。在他们年幼的时候，成年人帮助他们应对自己的情绪、应对当时不知所措的感受的目的是让他们学会使用这些他们需要的工具。

人与人之间天然存在差异。我们需要时间反思、探索和理解这些差异。我知道自己不能看有太多恐怖场景的电影，因为我很容易受画面内容的影响，因此我必须小心地选择要观看的内容。我清楚负面影响可能会带来混乱，所以设置界限是值得的。儿童也需要处理已经发生的事情给自己带来的负面影响，这种负面影响可能是由他们看到了什么、听到了什么、去过的某个地方、和某些人在一起，或者经历了任何可能引起情绪混乱的经历带来的。只有对这些负面影响进行处理后，他们才能更好地理解自己。他们不需要也不希望父母或照料者不断地监督或控制他们的行为；对于他们变得焦虑和混乱，他们不希望父母表现出焦虑！焦虑会传染。当父母对某件事情感到焦虑时，会引起孩子和周围其他人对同一件事感到焦虑。敏感的孩子需要他们周围的成年人帮助他们相信自己，帮助他们知道自己会没事。他们可以失败，也可以重新振作起来。他们会受伤，也会恢复。他们比自己想象的更坚强。

不过度保护孩子

成年人在养育或帮助敏感的孩子时，想要保护、安慰和帮助他们避开困难或挑战是很自然的一件事。你可能已经知道，当敏感的孩子挣扎时，他们可能会变得不知所措或体验到深深的悲伤，所以你很自然地想要避免发生这种情况。但问题是，只有当他们能够选择做一些有挑战性的事情，并且有时间犯错、克服恐惧、反思、恢复和庆祝自己的进步时，他们才会变得更坚强。这是一个令人棘手的平衡点，想要做到并不容易，但我们的目的是让孩子感到自己有能力挑战自己，承担风险，把自己推到舒适区之外，不断扩展自己的舒适区。与此同时，他们知道身边有成年人在情感上支持他们，他们可以与成年人一起处理在此过程中产生的情绪。

对儿童来说，独自玩耍的经历很重要。他们不必时刻告诉成年人他们在做什么。对他们来说，重要的是挑战自己，成年人需要冷静地反思其中的风险，但不要阻止他们（除非有明显的危险）。

同样重要的是，我们不要给敏感的孩子贴上一个标签，不要限制他们的可能性，而是让他们有能力超越自己认为可以达成的目标。

[山姆的故事]

由于我妈妈的身体不好，我从小就尽可能地从大人的视线中"隐身"。我妈妈有精神疾病，所以家人都努力先满足她的需求。我很快就学会了如何独自处理事情。我确实看到和听到了一些事情，这些事情让我好几年都睡不好觉，因为我试图去理解它们。那都是一些孩子不应该知道的东西。我总是想不明白为什么我的小伙伴们会喜欢看电视上那些把我吓坏了的东西，而我不得不假装自己很喜欢——但我并不确定。这些画面似乎会印在我的脑海里，从来没有人帮助我设置边界。我感到全世界的重担都压在我的肩膀上，现在我仍然在挣扎，觉得一切都要我来负责。

* * *

儿童的焦虑及减少焦虑的方法

敏感儿童会体验到很多焦虑情绪，但他们往往无法用语言准确地描述出来，这可能会导致他们感到更加恐惧，因为他们不确定自己的内心世界正在发生什么。因此，和儿童一起反思他们的感受和身体感觉很重要。他们产生了哪些情绪？他们的身体有什么样的感觉？如果他们出现了以下症状，那么可能是他们感到焦虑的信号：

- 头痛、头晕、烦躁不安、睡眠中断、做噩梦；

- 吞咽困难、口干舌燥、不断咳嗽；

- 呼吸困难、胸疼、心悸；

- 恶心、痉挛、腹痛、腹泻；

- 抠皮肤、拔头发。

他们可以感觉到并表现出以下行为：

- 激动和不安；

- 爆发愤怒情绪，他们觉得自己失去了控制；

- 不自信，想躲起来，或者觉得无精打采；

- 忧心忡忡，大脑中不断出现负面的思维模式。

虽然身体症状可能是由一系列其他健康原因引起的（因此一定要理智地咨询专业医生），但它们也可能是焦虑的迹象。当我们帮助儿童冷静地、慢慢地反思他们的内心发生了什么，并确定原因时，身体症状是否由焦虑所致就一目了然了。是什么原因导致他们产生了这样的感觉？类似的情况是否发生过？上次他们做了哪些有益于症状改善的事情？当他们明白什么是正常的生理症状时，他们的焦虑往往可以得到缓解。例如，当他们要上台表演时，他们的肠胃可能会不舒服；或者当他们要参加考试时，他们的身体会感觉不舒服。当这些事情可以当作话题被正常地讨论时，成年人就能够借机分享他们曾有过的类似经历与反应，这样儿童对自己的焦虑就不会感到那么恐惧了，从而减轻焦虑的症状。

减少焦虑的方法

- 告诉儿童担心是正常的，花时间向他们解释当他们担心时，大脑和身体会发生什么。儿童越了解发生了什么，就越不会对焦虑感到不安。

- 回忆曾让你焦虑的一件事或一段焦虑的时光，讲述发生了什么、自己当时的感受及事后的感受。用语言描述让你害怕的具体事情，同时谈论你体验到的情绪，以及它们是如何影响你的身体的。这样可以帮助儿童原本容易不知所措的右侧大脑半球减少反应，让他们感受到更好的整合和充分的准备。

- 呼吸练习可以帮助儿童平静下来，并能够重新开始思考。呼吸练习还可以帮助儿童停止担心未来，让他们更多地聚焦于此时此刻。

- 在感到焦虑的领域建立小目标。与其回避引发焦虑的事情，不如把注意力集中在如何实现目标上。采取行动，实现一些小目标，一步步靠近最终目标。这个过程中的每一步都值得庆祝！

- 让儿童身边随时有你或他们所爱的人的提醒，这需要符合他们的年龄特点。如果他们的年龄稍大，可以在他们的口袋里放一些小东西，或者在手机背面放一张他们最喜欢的照片，或者在他们身上放一些有气味的、能让他们安心的东西。如果他们年龄较小，可以在他们的口袋或包里放一个他们最喜欢的可爱的玩具或减压玩具，他们可以用这些东西来安抚自己。

- 可以把焦虑描述成海浪，在海浪袭来的时候深呼吸，直到波峰越来越小，这对儿童是有帮助的。

- 确保他们睡得好、锻炼身体，因为这两项活动都能大幅减少焦虑。

- 分散注意力在短期内就能奏效，但事后需要我们帮助儿童反思焦虑。分散注意力的方式包括让他们想象一个安全的地方，在那里他们可以感受到平静。

- 试着拉伸或推墙。绷紧肌肉，然后再放松，这组动作可以帮助儿童缓解焦虑。推或拉伸 10 秒，然后放松 10 秒，重复进行。

重要的是营造一种文化，即成年人成为儿童自我反思和自我调节的榜样。成年人可以用这样的话来反思自己的情绪："我感觉今天自己的脾气很不好。为什么会这样呢？也许是我休息得不好，睡得不够。也有可能是因为我在为不知道该如何完成那一堆工作而烦恼。现在我可以做什么呢？或许可以做几个深呼吸。"

对成年人来说，示范呼吸练习和其他有用的方法（如画画、锻炼身体），以及用让自己感觉舒适的东西帮助自己缓解焦虑，这些都对儿童有帮助。

更多的自我调节活动可以在《儿童心理之谜：心理创伤，如何避免伤在童年》一书中找到。

如何管教敏感小孩

首先，要记住，管教实际上是指"教导"，而不是指"惩罚"。因此，管教应该是培养儿童的同理心、善良和养育经历的一部分。

- 避免用"你为什么不能正常一点""你真笨""别再这么敏感了，太累了"这样的话羞辱他们。同时避免用这些话嘲笑儿童的敏感。这样的话语不仅不能帮助儿童建立自信心，还会伤害他们，让他们因为自己的敏感而感到羞愧和沮丧。

- 敏感儿童会发现被社会隔离或"面壁思过"的惩罚是非常可怕的。在面对爱与关怀被突然撤回时，他们往往会感到不知所措，内心充满了不安和恐惧。

- 让他们觉得自己不应该"逍遥法外"，因为缺乏界限会让人感觉很不安全。儿童想要感受到自己的力量，但需要身边的成年人保持明确的界限，这样他们才不会感到无能为力或比成年人更有力量。

- 在你试图向儿童解释任何界限或适当行为之前，先与他们进行情感上的沟通。当儿童感到平静和情感上的联结时，他们往往愿意学习，并能进行思考和反思。

- 使用身体语言、语调与敏感儿童建立联结。或许你可以弯下腰，让你的视线和儿童的视线处于同一个高度，或者轻拍他们的肩膀，用善意而不是愤怒的眼神看着他们。使用平静的语气，而不是沮丧的语气。

- 向他们保证，你知道他们是好孩子，你知道他们不想被讨厌，并且他们不是故意捣蛋，但他们显然被误解了或受到了惊吓。当儿童觉得我们尊重他们、信任他们时，他们通常会更愿意和我们合作而不是表现出敌意。

- 我很喜欢问儿童他们认为下一步应该怎么做，并和他们一起反思这个问题。我发现他们可能会提出一些惩罚性的后果，我喜欢与他们探讨为什么我认为惩罚可能太过严厉了，有时候宽恕就可以了。

人们需要意识到，敏感儿童可能更容易表现出完美主义的倾向。他们会对失败或任何与他们想要的不完全一致的结果感到焦虑。一个有创造力的儿童把画搞砸了，同时含泪宣布它有多么糟糕，这样的场景并不罕见。对敏感儿童来说，他们希望事情顺利，避免失败、拒绝或失望很正常，他们需要得到支持，小心地处理这些负面的、艰难的感受和经历，直到他们感觉不那么恐惧。由于可以表达的情感很强烈，所以支持他们是一项艰苦的工作，但从长远来看，帮助他们过上不受恐惧限制的生活是值得的。

[卡伦的故事]

我过去经常对任何新的或有挑战性的事情产生恶心、头晕或流泪的生理反应，我一直以为自己有什么问题。我讨厌失败，所以会想尽一切办法避免失败。当我知道了什么是焦虑，以及应对焦虑的一些方法后，我觉得自己会重新好起来。

* * *

相信敏感小孩可以做到最好

在生活中，儿童的身边需要有相信他们的人。他们需要学会相信自己是一个有目标、有能力的人，相信自己能够为社会提供一些有价值的东西。当他们的父母做不到这些的时候，老师或指导者可以成为那个有影响力的人，并支持他们成为更好的自己。总之，他们需要一个能无条件支持他们的成年人。

反思敏感小孩在情感上的表现

有时我们很难评估儿童的情绪表现。当儿童遇到了问题或不开心的时候，通常都会有一些迹象，但过度紧张的父母反而会让孩子感到担心，父母对孩子言行的过度分析也可能会对孩子造成伤害。佩里提出，明确的发展结果可以作为反思社会心理成长的非正式指南。他谈到我们在本书中所探讨的内容，并提出依恋关系引导下的自我调节行为是个体未来行为的基础性经验。他提出，依恋关系——归属感及与他人和谐相处并珍视他人的能力——是情感健康的标志。他建议儿童和青少年应该先表现出一种容忍差异的能力，最终尊重差异、尊重那些与自己不同的人。

对任何与敏感小孩一起工作或生活的人来说，当我们能够促进他们这些方面的成长时，我们就能帮助他们成长为能够享受与他人的积极关系的健康的成年人。

情感联结

敏感小孩需要知道，他们是被信任的，我们在重视他们的天赋的同时也认识到这些优势的反面是脆弱，他们可能会变得焦虑、不堪重负、筋疲力尽、封闭或麻木。

当我们向敏感小孩表明我们对他们的关心，并告诉他们我们真心支持他们，想要帮助他们成为更好的自己，并与他们建立情感联结的时候，他们就会变得更强大、更自信。

儿童和青少年有时可能会显得有些傲慢，但成年人必须记住，我们无须用尖酸刻薄的话语教育他们，也没有必要用言语打击、贬低他们。我们的职责不是让他们认识到自己的无知，也不是轻视、羞辱和嘲笑他们，或者确保我们告诉他们，将来的某一天他们会学到什么。这些反应可能会对他们造成重大的伤害。他们的未来将充满挑战和困难，也会有胜利和成功，我们最关心的是我们帮助他们开发了面对这两者所需的资源。

我们的使命是让社会变得更好

作为一个整体的社会，我们需要积极主动地争取让敏感的孩子被纳入有力量的人的范围。我们必须认识到他们对社会的重要价值，他们是提供情感力量和直觉的人。让我们都发出自己的声音，为敏感的孩子说话，他们拥有不同的力量和天赋，让我们停止给他们贴标签或限制他们的可能性。让我们发出响亮的声音，挑战浅薄的思想，挑战长期以来围绕敏感的孩子（尤其是敏感男孩）的既定的破坏性文化。

研究发现，越来越多的孩子在与抑郁症和焦虑症做斗争，但与女孩相比，男孩不太可能寻求帮助。媒体也注意到了这种现象。男孩在谈论深层问题或让他们感到脆弱的事情时，往往无法像女孩那样顺利地表达出来，这可能会增加他们面临的挑战的严重性。

请记住，我们每个人都能带来巨大的改变。我们所说的每一句话、给予的每一次鼓励，我们每一次用声音捍卫自己想要捍卫的、保护自己想要保护的，都是在建立一个互相尊重和互相关心的社会。

思考

1. 你认为你身边的敏感小孩是否受到了对其年龄和敏感程度而言无益的刺激？

2. 你是否认为他们已经被过多的信息（视觉的、感官的）淹没？

3. 他们是否把世界的重担扛在了自己肩上？你能和他们谈谈他们的烦恼并支持他们吗？

4. 你身边的敏感小孩是否认识到焦虑并正在与之斗争？